# BEI GRIN MACHT SICH IHR WISSEN BEZAHLT

- Wir veröffentlichen Ihre Hausarbeit,
  Bachelor- und Masterarbeit

- Ihr eigenes eBook und Buch -
  weltweit in allen wichtigen Shops

- Verdienen Sie an jedem Verkauf

## Jetzt bei www.GRIN.com hochladen und kostenlos publizieren

**Bibliografische Information der Deutschen Nationalbibliothek:**

Die Deutsche Bibliothek verzeichnet diese Publikation in der Deutschen National-
bibliografie; detaillierte bibliografische Daten sind im Internet über http://dnb.d-
nb.de/ abrufbar.

**Impressum:**

Copyright © 2006 GRIN Verlag, Open Publishing GmbH
Druck und Bindung: Books on Demand GmbH, Norderstedt Germany
ISBN: 978-3-668-13090-6

**Dieses Buch bei GRIN:**

http://www.grin.com/de/e-book/314358/zen-im-westen-stationen-der-westlichen-
rezeption-unter-beruecksichtigung

Frank Drescher

# Zen im Westen. Stationen der westlichen Rezeption unter Berücksichtigung bedeutender Vertreter

GRIN Verlag

## GRIN - Your knowledge has value

Der GRIN Verlag publiziert seit 1998 wissenschaftliche Arbeiten von Studenten, Hochschullehrern und anderen Akademikern als eBook und gedrucktes Buch. Die Verlagswebsite www.grin.com ist die ideale Plattform zur Veröffentlichung von Hausarbeiten, Abschlussarbeiten, wissenschaftlichen Aufsätzen, Dissertationen und Fachbüchern.

# Inhalt

# 1. Einleitung

Der thematische Schwerpunkt dieses Referats liegt, wie bereits der Titel anzeigt, auf der westlichen Transformation und Rezeption des Zen-Buddhismus, der zunächst aus dem „Land der aufgehenden Sonne" (jap. 日本國 = Japan) zu uns in den Westen kam, später dann auch von koreanischen und vietnamesischen Zen-Meistern einer beträchtlichen Schülerzahl in den USA und vielen Ländern Europas vermittelt wurde.

Obwohl eine nähere Betrachtung der Rezeptionsgeschichte des Buddhismus im Westen seit Schopenhauer sicher ein verlockendes Unterfangen wäre, wird sich dieser Beitrag thematisch auf den Zen-Buddhismus im Westen beschränken. Eine inhaltliche Konzentration auf den postkolonialen Zen-Buddhismus vorwiegend japanischer Provenienz in Nordamerika und Westeuropa bietet sich an, weil der Buddhismus in eben dieser kulturellen, philosophischen und spirituellen Ausgestaltung in der öffentlichen Wahrnehmung bzw. unter interessierten Nicht-Fachleuten – neben dem tibetanischen Buddhismus – am ehesten präsent ist. Dies schlägt sich in teilnehmerstarken Ikebana-Kursen ebenso nieder, wie in Wochenend-Workshops für japanische Kalligraphie oder Teezeremonie, oder auch in auflagenstarken Ratgebern mit Titeln wie: *Jacky Sach, Jessica Faust: Zen. Entspannung für Körper und Geist, Kraft und Frieden für die Seele. München 2004.*

Die enorme Popularität von mehr oder minder authentischen Zen-Kursen, buddhistisch angehauchten Lebenshilfe-Publikationen, oder auch von kurios anmutenden „Mini-Zengärten für Schreibtisch und Fensterbank", verdankt sich zu einem nicht geringen Anteil jenen charismatischen und beeindruckenden Persönlichkeiten, welche als Multiplikatoren der Zen-Lehre und –Praxis im Westen aufgetreten sind. Die bekanntesten unter ihnen sind wohl der „große" und der „kleine" Suzuki, sowie Philip Kapleau, Deshimaru Roshi, Thich Nhat Hanh, Seung Sahn und Bernie Glassman. Auch die deutschen „Zen-Pioniere" Herrigel, Graf Dürckheim und Enomiya-Lassalle finden eine kurze Erwähnung. Dieser Auswahl an „*Darumas Boten*" wird ein kurzer Abschnitt in diesem Beitrag gewidmet sein, in welchem sie anhand einiger biographischer Daten vorgestellt werden.

Ein weiterer, gewichtiger Grund für den beachtlichen Erfolg des Zen im Westen liegt im Anspruch besonders des japanischen Zen begründet, den Buddhismus quasi in seiner Reinform erhalten bzw. wiederhergestellt zu haben, befreit von allen mythischen und kulturellen Verzerrungen seit seiner legendären Begründung durch den Buddha Shakyamuni. Dieser von einem gewissen Selbstbewußtsein zeugende Anspruch wird ebenfalls in einem kurzen Abschnitt dieses Beitrags einer kritischen Prüfung unterzogen. Ein besonderes

Augenmerk liegt dabei auf dem Zeitraum kurz nach der erzwungenen Öffnung Japans durch die USA und die europäischen Kolonialmächte, welcher in den Geschichtsbüchern unter der Epochenbezeichnung „*Meiji-Ära*" (jap. 明治時代 „*meiji jidai*", 1868-1912) geführt wird.

Jedoch hätte der Zen-Weg trotz seiner Selbsteinschätzung, das „*Herz aller buddhistischen Richtungen*" zu sein, des besonders hervorgehobenen Erfahrungsbezugs seiner Lehren, der Schlichtheit und Eingängigkeit seiner Übungen, und auch mit der geballten Überzeugungskraft aller seiner Vermittler in den Gesellschaften des Westens niemals diesen enormen Siegeszug antreten können, hätte er nicht auf bestimmte, existentielle Fragen und Bedürfnisse geantwortet, welche die Menschen in unseren Breiten in Zeiten der Moderne und Postmoderne umtreiben, für welche die eigenen religiösen Traditionen aber offenbar keine zufriedenstellenden Antworten mehr aufzuweisen haben.

Wie nun diese Fragen und Bedürfnisse genau aussehen, und in welcher Weise der Zen-Buddhismus ihnen gerechtzuwerden scheint, soll im Rahmen dieses Beitrages aus Sicht der Religionswissenschaft gemeinsam erörtert werden. Im Rahmen dieser Themenstellung soll im Anschluß an dieses Referat der Film „Erleuchtung garantiert" von Doris Dörrie gezeigt werden. Im Mittelpunkt der Aufmerksamkeit sollen dabei nicht nur die Antwortversuche des Films auf eben diese Fragen stehen, sondern auch die typisch westlichen Zen-Klischees, wie sie vom Film karikiert, teilweise aber auch kolportiert werden.

Bevor nun aber dem eigentlichen inhaltlichen Schwerpunkt dieses Beitrages nachgegangen werden kann, erscheint es für die Schaffung eines gemeinsamen Horizonts sinnvoll und hilfreich, zunächst einmal die wesentlichen Begriffe, philosophisch-religiösen Grundlagen und gängigen Praktiken des japanischen Zen-Buddhismus in Erinnerung zu rufen bzw. zu erläutern.

## 2. Was ist „Zen"?

Der Überlieferung nach hatten die großen Meister der klassischen Zeit ihre ganz eigene Art und Weise ein Antwort auf die Frage zu geben, was das Charakteristische am Zen in Unterscheidung zu den zahlreichen anderen buddhistischen Schulrichtungen ist:

Der chinesische Zen-Meister Jùzhī Yīzhǐ (chin. 俱胝一指, nach der japanischen Aussprache „*Gutei Isshi*", 9. Jh.) hatte die Gewohnheit, zur Unterweisung seiner Schüler jedes Mal schweigend einen Finger zu heben, wenn man ihm eine Zen-Frage stellte (vgl. Mumonkan, Fall 3).

Von dem bedeutenden Meister Zhàozhōu Cōngshěn (chin. 趙州從諗, jap. „*Jōshū Jūshin*",
778–897) hingegen ist folgende Begebenheit überliefert:

> Ein Mönch sagte zu Jōshū:
> „Ich bin gerade erst ins Kloster eingetreten. Bitte unterweise mich."
> Jōshū fragte: „Hast du deinen Reisbrei schon gegessen?"
> „Ja."
> „Dann geh und säubere deine Schale."
> Da erlangte der Mönch die volle Erleuchtung.
> (Vgl. Mumonkan, Fall 7)

Obwohl diese beiden ausgewählten Lehrerzählungen die Essenz der Zen-Lehre in ihrer
chinesisch-japanischen Traditionsbildung auf eine einnehmend schlichte und zugleich höchst
meisterliche Weise widerspiegeln, sind sie doch für den Zen-Neuling äußerst rätselhaft und
ausgesprochen erklärungsbedürftig (was sie in der Tat auch sein sollen). Erst, wenn man mit
den Grundprinzipien des Zen in einem etwas fortgeschrittenerem Maße vertraut ist,
„blickt" man den tieferen Sinn hinter den Worten, und erfährt so diese und die zahlreichen
anderen Zen-Geschichten als unmittelbar ein-leuchtend (sic!).

Selbstverständlich kann an dieser Stelle keine umfassende Einführung in die Geschichte
und Philosophie des Zen-Buddhismus geleistet werden. Für den notwendigen
Verstehenshintergrund im Rahmen der Fragestellung dieses Beitrages wird jedoch ein
knapper philologischer und religionshistorischer Abriss genügen:

„Zen" ist die japanische Aussprache der chinesischen Schriftzeichen 禅 („*Ch'an*"), bzw.
eigentlich 禪那 („*Chan'na*"), und leitet sich vom Sanskrit-Wort ध्यान („*Dhyana*") ab, was
sinngemäß mit „Versenkung; Meditation" übersetzt werden kann. Der Zen-Buddhismus
gehört seiner Form und Geschichte nach zum Mahayana, wurde in China allmählich unter
Einfluß des Daoismus und Konfuzianismus weiterentwickelt und gelangte schließlich im 12.
Jahrhundert u.Zt. über Korea nach Japan, wo er im Laufe der Zeit weitere Ausformungen
erfuhr. An dieser Stelle ist hervorzuheben, daß – entgegen dem im Westen verbreiteten
Klischee – der Zen-Buddhismus nicht *der* Buddhismus in Japan ist, sondern lediglich einer
von zahlreichen buddhistischen Strömungen im Land der aufgehenden Sonne. Der *Amitābha*-
bzw. *Amida*-Buddhismus (jap. 阿弥陀仏), auch bekannt als „*Wahre Schule des Reinen
Landes*" (jap. 浄土真宗, „*Jōdo-Shinshū*") ist in Japan wesentlich verbreiteter. Der Zen-
Buddhismus war nach seiner Einführung in Japan der bevorzugte und entsprechend geförderte
Buddhismus der Oberschicht und des Schwert-Adels, denn es waren vor allem die Chan-

Mönche, die chinesisches Bildungsgut besaßen und so die Eliten in klassisch-chinesischer Lyrik und konfuzianischer Philosophie unterweisen konnten. Die Schulung der Oberschicht in Meditationspraktiken war eher eine Art „Begleiterscheinung" dieser kulturellen Vermittlertätigkeit.

Auch der japanische Zen-Buddhismus enthält naturgemäß die Lehre von den drei Daseinsmerkmalen *Dukkha* („*Leidunterworfensein; Elend; Schmerz*"), *Anicca* („*Unbeständigkeit, Vergänglichkeit*") und *Anatta* („*Nicht-Selbst, Nicht-Ich*"). Ziel der Zen-Praxis ist letztlich die Überwindung von Dukkha und die Realisierung von Anatta, um schließlich *Nirvana* („Verwehen; Erlöschen") zu erlangen, die Befreiung vom Leiden bzw. der Ausbruch aus *Samsara*, dem „beständigen Wandern" im Zyklus von Werden und Vergehen bzw. im Kreislauf der Wiedergeburten.

Die Zen-Praxis zielt auf die Schulung der Aufmerksamkeit („Achtsamkeit") und absichtslosen Selbstbeobachtung ab, zugleich soll durch sie das (ver)störende diskursive Denken so weit wie möglich zum Stillstand gebracht werden. Durch zähes, beständiges Üben wird allmählich die Flut der Gedanken zur Ruhe gebracht, wodurch sich im Laufe der Zeit die Erfahrung von innerer Stille, *Leerheit* (skt. शून्यता „*Śūnyatā*", jap. 空 „*kū*") und Gelassenheit einstellt. An diesem Punkt übrigens wird deutlich, warum eine Schulung in Zen unbedingt zur Ausbildung eines japanischen Kriegers gehörte:

Die Schulung in Zen-Praktiken und damit auch das Einüben von „*Mushin*" (jap. 無心) bzw. „*Mushin no shin*" (jap. 無心の心), den „*Geist von Nicht-Ich*" (engl. „*mind of no-mind*"), sollte die Aufmerksamkeit und das unmittelbare Reaktionsvermögen im Kampf trainieren und gleichzeitig dabei helfen, die Angst vor dem Tod zu überwinden. Das im Westen bekannt gewordene meditative Bogenschießen (jap. 弓道 „*Kyūdō*", „*Weg des Bogens*") beispielsweise ist ebenso eine Reminiszenz an diese Zeit, wie das fortwährende Einüben in Gedankenstille in der Praxis vieler Budo-Sportarten wie bspw. Kendo, Judo oder Aikido. („*Nicht so viel denken!*")

Zen wird von seinen Anhängern jedoch trotz dieses „buddhistisch-theoretischen Unterbaus" vorrangig nicht als eine Lehre oder Philosophie verstanden, welche auf intellektuellem bzw. diskursivem Wege vermittelt werden könnte. Der legendäre 28. Nachfolger des Buddha Shakyamuni und 1. Patriarch des Zen-Buddhismus in China mit dem Namen Bodhidharma (skt. बोधिधर्म, jap. [Bodai-]Daruma だるま), soll diese Auffassung über das Wesentliche des Zen bzw. der Zen-Unterweisung in folgende Verse gefaßt haben:

| | |
|---|---|
| 教外別傳 | *Kyōgai betsuden* |
| 不立文字 | *Furyū monji* |
| 直指人身 | *Jikishi jinshin* |
| 見性成佛 | *Kenshō jobutsu* |

(zit. in: Hermann Bohner 1943, vgl. http://freenet-homepage.de/zenwort/twrt_htm/
twrt_eins.htm#a09.)

*„Eine besondere Überlieferung außerhalb der Schriften,*
*unabhängig von Wort und Schriftzeichen:*
*Unmittelbar des Menschen Herz zeigen, -*
*die (eigene) Natur schauen und Buddha werden."*

(deutsche Übersetzung nach: Dumoulin 1985, S. 83.)

Damit spielt er auf die sogenannte „Blumenpredigt" des Buddha Shakyamuni an, die gewissermaßen das Stiftungsereignis des Zen-Buddhismus gewesen sein soll:

*Der Legende nach soll der Buddha einst auf einem Berg verweilt haben, als ihm einer seiner Anhänger eine goldene Blume brachte mit der Bitte, ihn im Dharma zu unterweisen. Buddha rief alle seine Schüler zusammen, hielt schweigend die goldene Blume hoch, drehte sie zwischen seinen Fingern und blinzelte dabei mit den Augen. Alle blickten ihn fragend an, und keiner verstand die Bedeutung dieser Predigt. Allein Kāśyapas Gesicht hellte sich auf zeigte ein Lächeln, denn er erfuhr in diesem Moment vollkommene Erleuchtung. Da sprach der Buddha: „Mein ist der Vollbesitz durchschauter Wahrheit, unfaßbarer Nirvanageist. Den übergebe ich dem Kāśyapa."*

(Vgl.: Hierzenberger 2003, S. 142.)

Der Zen-Weg wird vielmehr als eine Meditations-Praxis aufgefaßt, die zu einer unmittelbaren Erfahrung bzw. Erkenntnis der Wirklichkeit in ihrer Soheit jenseits aller Täuschungen und Illusionen (skt. माया „*māyā*") führt und grundsätzlich jedem Menschen zugänglich und möglich ist. Letztes und eigentliches Ziel dieses spirituellen Entwicklungsweges ist die Verwirklichung der eigenen *„Buddha-Natur"*, d.h. des *Erwachens* (skt. बोधि „*bodhi*") in einem befreienden Kensho- (jap. 見性 "Erschauung der eigenen Natur") bzw. Satori-Erlebnis (jap. 悟り „vollkommene Einsicht; Erleuchtung").

Im japanischen Zen gibt es zwei deutlich voneinander abweichende, schulbildende Auffassungen, wie sich Satori ereignen kann: Entweder ganz plötzlich nach intensivster Praxis bis an die Grenzen der psycho-physischen Erschöpfung durch Zazen, Koan-Praxis und körperliche Arbeit, beaufsichtigt und forciert von einem *Roshi* nach den Methoden der *Rinzai-Schule* (jap. 臨済宗). Oder eben ganz langsam und schleichend durch beständiges Üben in

*Shikantaza* (jap. 只管打坐 „*nur Sitzen*“) gemäß der Praxis der *Soto-Richtung* (jap. 曹洞宗) getreu der Devise: „Wer sitzt wie ein Buddha, wird ein Buddha.“ (*Postulierte Einheit von Erleuchtung und Meditation.*)

Der Vollständigkeit halber: Es gibt noch eine dritte bis in die Gegenwart bestehende Richtung des japanischen Zen-Buddhismus, die *Ōbaku-shū* (jap. 黄檗宗), welche dem Rinzai nahesteht, jedoch die chinesischen Ursprünge des Zen–Buddhismus betont und auch noch lange von chinesischen Meistern in Japan geführt wurde. Sie hat in Japan nur eine zahlenmäßig geringe Anhängerschaft und ist im Westen ohne Bedeutung.

Im Laufe der Jahrhunderte haben sich die *Zen-Meister* (jap. 老師 „*Roshi*“, dt. „*alter Meister*“, Ehrenbezeichnung für einen erleuchteten und gereiften Zen-Lehrer) bemüht, Übungen zu entwickeln, die es den Schülern ermöglichen sollen, ihrerseits durch eigene, beharrliche Bemühungen das Ziel des Satori und damit schließlich Nirvana zu erlangen. Zu diesen Übungen gehören *Zazen* (jap. 坐禅 „*Sitzmeditation*“), *Kinhin* (jap. 經行 „*Gehmeditation*“), die Rezitation von Sutren, *Samu* (jap. 作務 „*konzentriertes, achtsames Tätigsein*“), sowie das Lösen von *Kōans* (chin. 公案 „*Gōng'àn*“, wörtlich „*öffentlicher Aushang*“), d.h. von paradoxen, unverständlichen oder sinnlosen Sätzen und Anekdoten, die dabei helfen sollen, das dualistisch-diskursive Denken zu überwinden. („Wie ist der Klang einer *einzelnen* klatschenden Hand?“)

Im Sinne von *Samu* werden eine ganze Reihe meditativer Praktiken geübt und haben über die bloße religiöse Praxis in den Zenklöstern hinaus die japanische Kultur stark geprägt. Hierzu zählen *Sadō* bzw. *Chadō* (jap. 茶道, oder auch 茶の湯) die sogenannte Teezeremonie, *Shodō* (jap. 書道), die chinesische bzw. japanische Kalligraphie, *Kadō* (jap. 華道, auch: いけばな „*Ikebana*“), das kunstvolle Arrangement von Blumen und Zweigen, sowie der *Zengarten* (jap. 枯山水 „*kare-san-sui*“, auf Deutsch etwa „*Landschaft ohne Wasser*“), der normalerweise nur aus großen Steinen, Moos und Kies besteht. Mit einem Rechen wird der Kies meditativ zu Linien und Kreisen geordnet und stellt in seiner Gestaltung ein symbolisches Abbild der Natur (Gebirge, Flüsse, Inseln etc.) auf kleinstem Raum dar.

All diese Praktiken zeichnen sich durch eine ganz eigene, kultivierte Schlichtheit aus und fördern durch beständiges Wiederholen im Streben nach ständiger Verbesserung bis hin zur (letztlich doch unerreichbaren) Perfektion die innere Ruhe und Harmonie des Übenden und den Einklang mit seiner Umgebung. Auch dies dient letztlich dem Überwinden einer als in sich falsch bzw. illusorisch wahrgenommenen Dualität und Diskursivität von „Selbst“ und

„Umwelt". Der hohe ästhetische Anspruch dieser Praktiken erklärt ebenfalls die besondere Wertschätzung des Zen-Weges im japanischen Adel, der in der Kalligraphie, der Gartengestaltung oder im Teeweg seine Kultiviertheit zur Schau stellen konnte. (Die Bewunderung der Utensilien als obligatorischer Ritus am Ende einer Teezeremonie stammt aus der Zeit, als Adlige sich mit seltenen und exorbitant teuren Teegeräten chinesischer Herkunft gegenseitig beeindrucken oder gar übertrumpfen wollten.)

## 3. Zen im Westen

### 3.1 „Warum kam Bodhidharma in den *Westen*?" – Stationen der westlichen Rezeption bzw. Inkulturation des japanischen Zen"

Nach der zwangsweise erfolgten Öffnung Japans durch die USA und die europäischen Kolonialmächte („Die schwarzen Schiffe des Commodore Perry"), und der in der Folge einsetzenden *Meiji-Restauration* ab 1868 (benannt nach dem *Meiji-Tennō,* jap. 明治天皇, Kaiser Matsuhito, 1852-1912), welche jedoch vielmehr eine historisch singuläre Revolution im Land der aufgehenden Sonne darstellte (daher besser: „*Meiji-Revolution*"), kam der Buddhismus in Japan ganz plötzlich in eine gravierende, geradezu existenzbedrohende Zwangslage:

Japan sah sich von den fremden Mächten in seiner Unabhängigkeit bedroht und suchte nach Auswegen, um einer Besetzung und Aufteilung durch die Kolonialmächte zu entgehen (wie es etwa zeitgleich China, dem „*Reich der Mitte*", widerfuhr). Die Lösung suchte man nach dem gewaltsamen Sturz der Militärregierung des Shōgunats und der anschließenden „*Restauration*" der Herrschaft des *Tennō* (jap. 天皇 „*Himmlischer Herrscher*") in der politisch-nationalen, wie auch religiösen Einigung Japans, sowie in einer rasanten kulturellen, wirtschaftlichen und militärischen Angleichung an den Westen. Der vom asiatischen Festland nach Japan gelangte Buddhismus, seit der Mitte des 8. Jahrhunderts bis ins Jahr 1870 als Religion des (in der Meiji-Revolution militärisch unterlegenen und in der Folge abgeschafften) Feudal- und Schwertadels praktisch Staatsreligion Japans, wurde nun von der neuen Meiji-Regierung als „ausländische, unjapanische, auf Abwege geratene, korrupte, parasitäre, dekadente, abergläubische und der Modernisierung Japans gegenüber feindselig eingestellte Religion" angesehen und zeitweise sogar verfolgt (vgl. Ursula Baatz: Zen-Buddhismus im Abendland.). Tempel wurden aufgelöst, buddhistische Mönche vertrieben oder mancherorts sogar Opfer von Massakern, jegliche finanzielle Unterstützung seitens des Staates wurde eingestellt.

Durch die zahlreichen Ein- und Übergriffe durch die neue kaiserliche Regierung, aber auch aufgrund des raschen sozialen Wandels in Folge der Umgestaltung von einer feudalen Agrar- in eine moderne Stadt- und Industriegesellschaft, geriet der japanische Buddhismus in eine schwerwiegende ökonomische Krise. Statt seiner wurde nun der *Shintō* (jap. 神道 „*Weg der Kami*"), ursprünglich ein antiker Haus- und Legitimationskult der Tennō-Dynastie, und bis dato eigentlich ein Sammelbegriff für zahlreiche lokale und Kami-Kulte und -Riten, als vorgeblich „authentische" und „einheimische" Religion Japans massiv gefördert und in Form des neu eingeführten Staats-Shinto als einheitsstiftende Nationalreligion Japans mit dem Tennō an seiner Spitze propagiert. (Nicht zufällig lassen sich eine Reihe von Parallelen zum Hinduismus des 19. Jahrhunderts feststellen, der als antikolonialistisch aufgeladene Nationalreligion Indiens ebenfalls bei der politischen und kulturellen Einigung des Subkontinents fungieren sollte, letztlich auf Kosten der indischen Muslime.)

Die religionspolitische Entwicklung der Meiji-Zeit führte zu einer gewaltsamen und für weite Teile der Bevölkerung als künstlich und problematisch wahrgenommenen Spaltung dieser beiden Religionen Japans, die eine bis dahin über Jahrhunderte gewachsene, äußerst enge und fruchtbare Symbiose verband, nämlich der sogenannte „*Kami- bzw. Shinto-Buddhistische Synkretismus*" (jap. 神仏習合 „*Shinbutsu-Shūgō*").

In der Folge dieser Religionspolitik unterzog sich der japanische Buddhismus einem umfassenden Reformprozeß, um angemessen auf die existentiellen Herausforderungen jener Zeit reagieren und schließlich seinen Fortbestand sichern zu können. Auch dies geschah ebenfalls nicht frei von nationalistischen und teilweise antikolonialistischen Motiven und Denkmustern, was aber an anderer Stelle ausführlicher zu diskutieren wäre (vgl. die Debatte um „Orientalismus" und „Auto-Orientalismus" in Japan). Nur soviel: Die eingangs erwähnte Mushin-Lehre wurde im 2. Weltkrieg reaktiviert, und Kamikaze-Piloten wurden auf ihren Einsatz vorbereitet, indem man den Sturz in den Tod zur Verwirklichung von *Anatta* und ein Zeichen vollkommener Erleuchtung erklärte.

Von Seiten buddhistischer Intellektueller wurde ein „Neuer Buddhismus" (jap. 新佛教) propagiert, welcher sich deutlich am Zeitgeist des 19. Jahrhunderts orientierte. Man begann, wie in anderen buddhistisch geprägten Ländern Ostasiens auch (Beispiel „*Theravada*"), eine eifrige Rezeption von Konzeptionen und Ergebnissen der westlichen Buddhismus-Forschung, die sich durch eine intensive Quellenforschung und Textkritik um die Rekonstruktion eines „authentischen (Ur-)Buddhismus" jenseits seiner zeitgenössischen, als degeneriert aufgefaßten Erscheinungsformen bemühte. (Hier scheint offensichtlich der protestantisch-paradigmatische Hintergrund vieler Wissenschaftler dieser Zeit durch.) Ebenso begann eine intensive Auseinandersetzung mit der westlichen Philosophie der Aufklärung, sowie der Religionskritik des späten 18. und 19. Jahrhunderts, als deren Konsequenz man eine Art „Religion der Vernunft" zu entwickeln versuchte, die, als reine „Erfahrungsreligion" von Mythen und Aberglauben gereinigt, in Übereinstimmung mit den Errungenschaften der modernen Erfahrungswissenschaften zu stehen schien, ja, diese sogar zum Teil vorweg genommen haben will.

Die Klöster öffneten sich in der Folge ihrer Umwelt, den buddhistischen Priestern wurde die Ehe gestattet, und viele Klöster wurden nach christlichem Vorbild sozial bzw. karitativ tätig. Zazen, bislang nur von buddhistischen Mönchen und Nonnen praktiziert, wurde nun auch Laien vermittelt, und im Bemühen um eine reine, einheitliche Lehre glichen die unterschiedlichen Schulen des Zen-Buddhismus einander zunehmend an. Es ist wohl nicht zu gewagt, in diesem Zusammenhang von einer regelrechten Reformation des Buddhismus im 19. und 20. Jahrhundert – und zwar nicht nur in Japan! – zu sprechen.

Ein solchermaßen gewandelter und nach westlichen Vorgaben bzw. Vorstellungen von Grund auf erneuerter Buddhismus war selbstverständlich westlichem Denken deutlich leichter zugänglich, wodurch sich zu einem Teil der große Erfolg des Zen-Weges im Abendland erklären läßt. Eine wichtige Rolle spielen hierbei auch die populären Klischees, die den Zen-Buddhismus im Westen begleiten:

> *„Der Buddhismus gilt als friedfertig und undogmatisch, stressreduzierend und Persönlichkeitsstabilisierend – kurzum: als ideale Religion postmoderner Individualisten." (Ulrich Schnabel: „Eine Religion ohne Gott.", in: Zeit Nr. 12 vom 15.03.2007, S. 13)*

Ein ebenfalls nicht zu unterschätzendes Verdienst kommt den Vermittlern der Zen-Lehre und Praxis im Westen zu, die zu einem großen Teil höchst gewinnende und charismatische Persönlichkeiten waren bzw. sind. Um sie wird es im nächsten Abschnitt dieses Beitrages gehen.

## 3.2 „Darumas Boten" - Einige bedeutende Vertreter des Zen im Westen

Auf dem 1893 veranstalteten Kongreß „*World's Parliament of Religions*" kam der japanische Gelehrte und Zen-Meister **Sôen Shaku** (1859-1919) mit westlichen Buddhismus-Forschern und einem amerikanischen Verleger für buddhistische Literatur ins Gespräch und wurde gebeten, einen geeigneten Zen-Gelehrten aus Japan zu entsenden, der bei der Übersetzung östlich-buddhistischer Texte ins Englische behilflich sein sollte. Shaku entschied sich für seinen besten und begabtesten Schüler Daisetz Suzuki, der 1897 in die USA reiste und dort 10 Jahre lang arbeitete und lehrte, und der durch sein unermüdliches Wirken und seine charismatische Persönlichkeit maßgeblich an der Verbreitung des Zen-Buddhismus im Westen beteiligt war. Daher gilt ihm das erste Kurzportrait. Es folgt eine kleine Auswahl weiterer bedeutender und einflußreicher Zen-Lehrer im Westen, die ebenfalls kurz portraitiert werden.

**Daisetz Teitaro Suzuki** (1870-1966) war ein ausgezeichneter Kenner der westlichen Geisteskultur und Zivilisation und hatte dazu ein reges psychologisches Interesse. Bei seinen Versuchen, den Zen-Buddhismus für Menschen aus dem westlichen Kulturkreis verständlich und zugänglich zu machen, interpretierte und adaptierte Suzuki westliches Denken, so wie er es verstand, worin u.a. der immense Erfolg des Zen-Weges in den USA und später in Europa begründet liegt, ebenso wie in seiner beeindruckenden Persönlichkeit und seiner erstaunlichen literarischen Schaffenskraft. D.T. Suzuki gehörte der Rinzai-Schule an, legte entsprechend Wert auf die Koan-Praxis und trat als strenger, dramatischer Lehrer auf.

Obwohl die Rinzai-shū im japanischen Zen eher die Minderheit darstellt, ist sie mittlerweile im Westen, nicht zuletzt wegen Suzukis Vermittlertätigkeit, die bekannteste und am meisten verbreitete Zen-Richtung.

In Folge einer geschickten Selbstdarstellung ist in den USA und in Europa kaum bekannt, daß Suzuki, der einer alten Samurai-Familie entstammte, sich während des 2. Weltkrieges an einer politischen und militärischen Instrumentalisierung des Zen-Weges in Japan beteiligte und Ideologien wie den „Buddhismus des kaiserlichen Weges", die „Einheit von Zen und Schwert" oder einen „Zen-Weg der Samurai" offen unterstützte. (Vgl. Brian A. Victoria: Zen, Nationalismus und Krieg. Berlin 1999)

**Shunryu Suzuki** (1905-1971) kam 1959 nach Amerika, um einer kleinen Gruppe von Zen-Übenden beizustehen und sie in der Praxis und in der Lehre zu unterweisen. Er zeigte eine tiefe Zuneigung zu Menschen des westlichen Kulturkreises und schätzte ihren „Anfänger-Geist" sehr, den er bei Japanern allzu oft vermißte, weil für sie Zen etwas alltägliches darstellt und sie oft nicht einmal wissen, welcher buddhistischen Schule die Tempelgemeinde angehört, der sie zugeordnet sind (vgl. im Westen das sogenannte „Kultur-Christentum"). Auch er hatte aufgrund seiner Ausstrahlung und gewinnenden Persönlichkeit großen Erfolg in den USA und sorgte seinerseits maßgeblich für die Verbreitung des Zen im Westen, zumeist durch sehr begabte Schüler, die auch nach Europa kamen und lehrten. Der

„kleine Suzuki", wie er sich selbst aus Respekt vor D.T. Suzuki nannte, gehörte der Sôtô-Schule an, legte mehr Wert auf Shikantaza („nur sitzen"; eine Übung, ohne sich auf die Atmung oder ein Koan zu konzentrieren) und trat etwas „alltäglicher" seinen Schülern gegenüber auf.

**Philip Kapleau** (1912-2004) geriet kurz nach dem 2. Weltkrieg in eine tiefe persönliche Krise, als er als Berichterstatter bei den Kriegsverbrecher-Prozessen in Nürnberg und Tokio von den Greueltaten der deutschen und japanischen Besatzer erfuhr, zeigte sich aber auch sehr beeindruckt von dem Buddhismus, den er in Japan kennenlernte. Nach einer Begegnung mit D.T. Suzuki entschloß er sich zu einer intensiven Schulung im Zen, die schließlich 13 Jahre lang dauerte, bis er von seinem Meister Yasutani Roshi die formelle Erlaubnis als Zen-Lehrer erhielt. Es kam später jedoch zum Bruch mit seinem Lehrer, und Kapleau gründete nach seiner Rückkehr in die USA 1966 das Rochester Zen-Zentrum im Staat New York. Kapleau betonte die hohe Bedeutung der eigenen Erfahrung im Zen und bewegte mit seinem höchst erfolgreichen Buch „Die drei Pfeiler des Zen" viele Menschen dazu, mit der Zen-Praxis im Alltag zu beginnen. Seine Schüler gründeten eine Reihe von Zen-Schulen in Amerika und Europa.

**Mokudô Taisen Deshimaru** (1914-1982) war einer der wichtigsten japanischen Zen-Lehrer in Europa. Er gehörte der Sôtô-Richtung an und war Schüler des bedeutenden Zen-Meisters Kodo Sawaki. 1967 kam er nach Frankreich, ließ sich in Paris nieder und sammelte einige Schüler um sich. 1970 gründete er die Association Zen Internationale (AZI), und 1979 den ersten Zen-Tempel in Europa „La Gendronnière", wo sich bis heute regelmäßig viele Menschen zu Shikantaza und Sesshins (mehrtägige, intensive Zen-Übungen in einem Kloster oder Zendo) einfinden.

**Thich Nhat Hanh** (*1926), genannt der „*Thay*" („Lehrer"), stammt aus Vietnam, wo er sich zu Zeiten des Vietnam-Krieges unermüdlich für den Frieden einsetzte. Als engagierter Kriegsgegner den verfeindeten Parteien unbequem geworden, mußte er 1966 sein Heimatland verlassen und ging nach Frankreich ins Exil. Dort gründete er das Plum Village, das vielen vertriebenen buddhistischen Mönchen und Nonnen ein Heim bietet und auch eine Anlaufstelle für viele Menschen darstellt, die Sinn oder Unterweisung suchen und im Thay einen charismatischen Lehrer finden. Thich Nhat Hanh ist literarisch ausgesprochen produktiv und erreicht mit seinen teilweise poetischen Schriften eine große Zahl von Menschen, auch in Deutschland. Eines seiner bekanntesten Werke ist „Das Wunder der Achtsamkeit". Er gilt als einer der bedeutendsten Vertreter des „Engagierten Buddhismus", ein Begriff, den er maßgeblich geprägt hat.

## 3.3 Exkurs 1: „Engaged Zen" bzw. „Engagierter Buddhismus":

*„Meditation bedeutet nicht, aus der Gesellschaft auszusteigen, der Gesellschaft zu entfliehen, sondern sich für einen Wiedereinstieg in die Gesellschaft vorzubereiten. Wir nennen das ‚engagierten Buddhismus'. Wenn wir zu einem Meditationszentrum gehen, mögen wir den Eindruck haben, daß wir alles hinter uns lassen - Familie, Gesellschaft und all die damit verbundenen Komplikationen - und als Individuen ankommen, um zu praktizieren und nach Frieden zu suchen. Schon das ist eine Illusion; denn im Buddhismus gibt es nicht so etwas wie ein Individuum. "*

(Aus: Thich Nhat Hanh: Innerer Friede, Äußerer Friede. Küsnacht 1987. Zit. nach: http://www.buddhanetz.org/texte/thay1.htm; Stand: 07.05.2007)

Nach buddhistischer Auffassung gibt es kein Individuum als einzelnes, für sich abgetrenntes und eigenständiges Wesen. Jeder und jedes ist Teil eines Großen und Ganzen, und Meditation zielt auf die Bewußtwerdung dieser universellen Alleinheit. Folglich gibt es keine Trennung von Mensch und Mensch, von Mensch und Umwelt, auch keine Trennung von Meditation und Mitgefühl für alle Lebewesen. Im Vietnamkrieg machten Thich Nhat Hanh und viele andere buddhistische Mönche und Nonnen diese Überzeugung zum integralen Bestandteil ihrer Praxis, übernahmen die Betreuung von Vertriebenen und Verfolgten, wodurch sie zunehmend der jeweils gegenerischen Seite zugerechnet wurden und letztlich viele dieser Aktivisten nach Vertreibung und Verfolgung ins Exil führte („Plum Village").

In den 1970ern wurde der Begriff „Engagierter Buddhismus" von westlichen Zen-Anhängern aufgegriffen und im Sinne umfassenden Mitgefühls mit aktivem ökologischen und sozialen Engagement zur Beseitigung des Leidens unter allen Lebewesen verbunden. Im Rahmen solchen Engagements entstanden im Rahmen der Betreuung von Haftinsassen in den USA auch die sogenannten „Zen-Karmics".

(Vgl. hierzu: http://www.engaged-zen.org/; sowie: http://www.buddhanetz.org/)

**Seung Sahn** (1927-2004), genannt „Dae Soen Sa Nim", war ein koreanischer Zen-Meister und galt als 78. Patriarch in direkter Linie von Buddha Shakyamuni. Er wurde als Kind christlicher Eltern im heutigen Nord Korea geboren und studierte als junger Mann westliche Philosophie an der Dong Guk Universität in Seoul. Mit 20 Jahren wurde er zum buddhistischen Mönch ordiniert, mit 22 Jahren erfuhr er nach 100-tägigen, intensivsten Zen-Übungen in Einzelunterweisung die vollkommene Erleuchtung und erhielt die Dharma-Übertragung von seinem in Korea legendären Zen-Meister Ko Bong. Im Jahr 1970 siedelte er in die USA über und gründete die Kwan Um Zen Schule in Providence, Rhode Island, welche mittlerweile als Zentrale über hundert weitere Schulen in den USA, Europa und Asien leitet bzw. unterhält. Eines seiner in Deutschland bekanntesten Bücher ist: „Buddha steht Kopf. Die Lehre des Zen-Meisters Seung Sahn.", welches eine Reihe von Dharma-Unterweisungen, Zen-Gesprächen und Koans dieses Zen-Meisters enthält.

**Tetsugen Bernard („Bernie") Glassman** (*1939) ist einer der bekanntesten und eifrigsten Vertreter des „Engagierten Buddhismus" („*Engaged Zen*") in den USA und Europa und zugleich auch einer der provozierendsten Zen-Lehrer. Er stammt aus einer jüdischen, allerdings nicht besonders religiösen Einwandererfamilie mit sozialistisch gefärbtem Hintergrund und ist promovierter Mathematiker und Luftfahrtingenieur. 1967 wurde er Schüler von Maezumi Roshi, dem Gründer des Zen Center of Los Angeles, und erhielt neun Jahre später die Dharma-Übertragung durch seinen Lehrer. 1982 gründete er in New York die Greyston-Bäckerei, um seinen Anhängern die Möglichkeit zu der im Zen hochgeschätzten konzentrierten körperlichen Arbeit zu geben, deren Gewinne zu gemeinnützigen Zwecken verwendet werden. Glassman gründete Geschäfte, in denen Waren aus eigener Produktion verkauft werden und welche Obdachlosen und ehemaligen Drogenabhängigen die Wiedereingliederung in die Gesellschaft ermöglichen soll. Ebenso gründete Glassman eine Stiftung, deren Erlöse Arbeitslose wieder in Lohn und Brot bringen sollen, indem ihnen grundlegende berufliche Kenntnisse vermittelt werden. Außerdem wird durch diese Stiftung für die ambulante und stationäre Versorgung bzw. Pflege von Aidskranken gesorgt.

## 3.4 Exkurs 2: „JewBus" („Jubus"), „BuJews", oder „Zen Judaism":

Während der verbreiteten Aufbruchsstimmung in den Gesellschaften des Westens in den 60er und 70er Jahren des 20. Jahrhunderts entwickelte sich auch bei vielen jungen Menschen jüdischer Herkunft in den USA und Israel ein Bedürfnis nach spiritueller (Neu-)Orientierung bzw. religiös-philosophischer Sinnfindung. Doch anders als bei den meisten Altersgenossen ihrer Generation war und ist eine solche Sinnsuche für junge Juden ein deutlich komplexeres Unterfangen, denn der Gedanke des Erwähltseins mit der daraus resultierenden, mehr oder minder ausgeprägten Treue zum Bund und einer jüdischen Lebensweise spielt auch unter säkularen Juden noch eine wichtige Rolle („jüdische Identität"). So steht für viele eine Konversion zum Christentum oder zum Islam mit ihren unterschiedlichen spirituellen Wegen und reichhaltigen Traditionen nicht nur aus historischen oder politischen Gründen außer Frage – ein solcher Übertritt würde als unverantwortlich bzw. zynisch gegenüber den zahllosen jüdischen Opfer der Geschichte empfunden werden, die ihre Standhaftigkeit in Zeiten der Verfolgung bzw. ihre bloße Zugehörigkeit zum jüdischen Volk mit dem Leben bezahlt haben.

Andererseits wurde und wird die Fokussierung vieler Juden – besonders der Opfergeneration – auf die Shoah als Quelle einer kollektiven religiösen bzw. kulturellen Identität als unbefriedigend empfunden, so daß der Wunsch nach einer positiven, auf die Gegenwart und Zukunft gerichteten Identität immer stärker wurde. Der Zen-Buddhismus in seiner westlichen Ausformung erwies sich gerade in dieser besonderen Situation als attraktive und gangbare Option für zahlreiche junge Juden. Er bot sich als plausible, erfahrungsbezogene und daher leicht zugängliche Antwort auf die Theodizee-Frage an, welche mit einer positiven Bewertung menschlicher Möglichkeiten einhergeht („Selbsterlösung", „Engaged Zen"; vgl. das rabbinische Konzept des תיקון עולם [hebr.: Tikkun olam, „Heilung/Vervollkommnung der Welt"]), als tolerant und historisch unbelastet gilt, vor allem aber wegen seines Anspruchs, eine „reine (Meditations-)Praxis" jenseits religiöser Grenzen und Dogmenbildung zu sein, nicht zwangsläufig den Verlust der jüdischen Identität bedeutet und daher auch von der eigenen jüdischen Umwelt zumeist akzeptiert wird. (Eine Analogie findet sich vielleicht in der von den Jesuiten ausgelösten „Zen-Welle" im katholischen Christentum).

Bekannte „Jewish Buddhists" sind *Allen Ginsberg* und *Goldie Hawn*. Auch *Rabbi Alan Lew* von der *Congregation Beth Shalom* in San Francisco ist ein bekannter Buchautor („*One God Clapping"*) und *Jubu* in den Vereinigten Staaten.

(Vgl. u.a.: http://www.acfnewsource.org/religion/jubu.html; http://www.pbs.org/wnet/ religionandethics/week126/cover.html)

Weitere bedeutende Persönlichkeiten für die Verbreitung von Zen in Lehre und Praxis in Deutschland, die an dieser Stelle zwar benannt, aus Zeit- und Raumgründen aber nicht eingehender vorgestellt werden können, sind der zeitweise in Japan lehrende deutsche Philosoph **Eugen Herrigel** (1884-1955), der mit seinem 1948 veröffentlichten Bestseller „Zen in der Kunst des Bogenschießens" vor allem viele Intellektuelle in Deutschland für die Lebensauffassung und Spiritualität des Zen begeisterte, und ebenso **Karlfried Graf**

**Dürckheim** (1896-1988), der als Zen-Lehrer und Therapeut („Humanistische und Transpersonale Psychologie") versuchte, Methoden des Zen für die Kunst und auch für die Psychotherapie fruchtbar zu machen.

Für den kirchlichen Bereich sind besonders der Jesuit **Hugo Makibi Enomiya-Lassalle** (1898-1990) und der umstrittene Benediktiner **Ko-un Willigis Jäger Roshi** (*1926) zu nennen, welche beide eine intensive Zen-Schulung in Japan erfahren haben und großen Einfluß bei der Nutzbarmachung von Zen-Methoden für die christliche (insbesondere monastische) Spiritualität hatten.

# 4. Diskussion

Als Einstieg bzw. kleine Anregung zur anschließenden Diskussion dieses Beitrages folgen an dieser Stelle zwei Zitate zum Thema „Zen-Buddhismus im Westen":

Von dem japanischen Zen-Meister des Jesuiten Enomiya-Lassalle stammt folgendes Zitat:

> *„Zazen ist keine Religion, sondern das Herz aller buddhistischer Richtungen, die als jeweils eigene Religionen gesehen werden können. Und dieses Herz, diese Erfahrung ist nicht geschmückt mit irgendwelchen Gedanken oder Philosophien. Sie ist ein reines Faktum, gleicherweise wie das Schmecken des Tees ein Faktum ist. Eine Tasse Tee hat keine Gedanken, keine Ideen, keine Philosophie. Sie schmeckt für Christen und Buddhisten gleich. Da gibt es nicht den geringsten Unterschied."*

**Yamada Koun Roshi**: Zazen und Christentum. (Unveröffentlichtes Manuskript.)

Der amerikanische Physiker und praktizierende Buddhist **Alan Wallace** sagte in einem Interview in der „ZEIT":

> *„Es gibt zwei besorgniserregende Trends im Westen: Der eine ist die Verwandlung von Buddhismus in Therapie. Meditation hilft bei Krankheiten, reduziert Stress, macht gelassener, fördert die Konzentration. Das ist alles gut und schön, aber der Buddha ist nicht im Alter von 29 Jahren aus seinem Königshaus ausgezogen, um eine Methode zu finden, Hämorrhoiden zu heilen. Auch in Tibet waren für Kranke die Ärzte zuständig, nicht die Meditationslehrer. Der andere Trend sind Hardcore-Buddhisten, die nur ihre eigene Lehre gelten lassen. Buddha hat uns ermutigt, den Buddhismus zu testen. Also prüfen wir: Kann er das Bewusstsein wirklich befreien?"*

(„Buddhismus im Labortest". Ein Gespräch zwischen der ZEIT-Redakteurin Michaela Haas und dem amerikanischen Physiker und Buddhisten Alan Wallace. In: DIE ZEIT Nr. 12 vom 15.03.2007, S. 15.)

# 5. Literaturangaben

## Sekundärliteratur:

Michael von Brück: Zen. Geschichte und Praxis. München 2004.

Heinrich Dumoulin: Zen im 20. Jahrhundert. Frankfurt a.m. 1993.

Ders.: Geschichte des Zen-Buddhismus.
- Bd. 1: Indien und China. Bern; München 1985.
- Bd. 2: Japan. Bern; München 1986.

Hans-Jürgen Greschat: Buddhismus. In: Johann Figl (Hg.): Handbuch Religionswissenschaft. Religionen und ihre zentralen Themen. Innsbruck; Göttingen u.a. 2003, S. 348-367.

Sabine Beyreuther: Art. Zen-Buddhismus. In: Metzler Lexikon Religion Bd. 3, Stuttgart; Weimar 2005 (Unveränderte Sonderausgabe), S. 702-708.

Gottfried Hierzenberger: Der Glaube der Chinesen und Japaner. Kevelaer 2003.

M. Deeg, O. Freiberger und C. Kleine (Hgg.): Religionen im Spiegelkabinett. Asiatische Religionsgeschichte im Spannungsfeld zwischen Orientalismus und Okzidentalismus. Uppsala 2003.

Richard King: Orientalism and Religion. Postcolonial Theory, India and "The Mystic East". London; New York [5]2005.

Brian A. Victoria: Zen, Nationalismus und Krieg. Eine unheimliche Allianz. Berlin 1999.

Ulrich Schnabel: Dossier „Der Buddhismus. Eine Religion ohne Gott.", in: DIE ZEIT Nr. 12 vom 15.03.2007, S. 13 ff.

„Buddhismus im Labortest". Ein Gespräch zwischen der ZEIT-Redakteurin Michaela Haas und dem amerikanischen Physiker und Buddhisten Alan Wallace. In: DIE ZEIT Nr. 12 vom 15.03.2007, S. 15.

Ursula Baatz: Zen-Buddhismus im Abendland. Ein „Fachartikel" im: „Lexikon Buddhismus" auf der Website: http://religion.orf.at. Hier: http://religion.orf.at/projekt03/religionen/buddhismus/fachartikel/re_bu_fa_zenbuddhismus1-97.htm (Stand: 23.05.2006)

Zen-Worte im Tee-Raume erläutert (Chashitsu-kakemono Zengo-Tsūkai). Einführung und Übersetzung von Hermann Bohner, Japan 1943. Zur Darstellung im Internet aufbereitet, emendiert und mit Anmerkungen versehen, April-Juni 2006 von Adolph Meyerhofer: http://freenet-homepage.de/zenwort (Stand: 11.05.2007.)

Bernhard Scheid: Religion in Japan. Ein Web-Handbuch. http://www.univie.ac.at/rel_jap/start/index.html (Stand: 11.05.2007)

http://de.wikipedia.org/wiki/Zen (Stand: 20.05.2006)
http://www.acfnewsource.org/religion/jubu.html (Stand: 11.05.2007)
http://en.wikipedia.org/wiki/Jubu (Stand: 11.05.2007)

## Quellenliteratur (eine kleine Auswahl für die Innenperspektive):

Daisetz T. Suzuki: *Die große Befreiung: Einführung in den Zen-Buddhismus.* München u.a. [20]2003.

Shunryu Suzuki: Zen-Geist – Anfänger-Geist. Berlin [11]Aufl. 2002.

Philip Kapleau: Die Drei Pfeiler des Zen. Lehre – Übung – Erleuchtung. München [14]2004.

Eugen Herrigel (hg. v. Hermann Tausend): Zen in der Kunst des Bogenschießens. Der Zen Weg. Lizenzausgabe, Frankfurt a.M. 2004.

Hugo M. Enomiya-Lassalle (hg. v. Günter Stachel): Kraft aus dem Schweigen. Einübung in die Zen-Meditation. Zürich, Düsseldorf [4]1998.

Thich Nhat Hanh: Das Wunder der Achtsamkeit. Einführung in die Meditation. Berlin [11]2002

Seung Sahn (Dae Soen Sa Nim): Buddha steht Kopf. Die Lehre des Zen-Meisters Seung Sahn. Bielefeld 1990.

Alan Lew; Sherril Jaffe: One God Clapping: The Spiritual Path of a Zen Rabbi. Kodansha America Verlag 1999.

Janwillem van de Wetering: Der leere Spiegel. Erfahrungen in einem japanischen Zen-Kloster. Reinbek [25]1981. (Ein kritischer Erfahrungsbericht, sehr lesenswert!)

David Fontana: Einführung in die Zen-Meditation. Der Weg durch das torlose Tor. Berlin 2003.

Jacky Sach, Jessica Faust: Zen. Entspannung für Körper und Geist, Kraft und Frieden für die Seele. München 2004.

http://www.engaged-zen.org

http://www.engaged-zen.org/Zen%20Karmics
(Eine Kurzanleitung zur Zen-Meditation in Comic-Form für Strafgefangene.)

www.do-not-zzz.com
(Eine kleine, augenzwinkernde Einführung in die Zen-Meditation vom Kodai-ji Tempel, Kyoto, Japan.)